Préstamos Hipotecarios DSCR para Airbnb

Cómo calificar para propiedades de Airbnb utilizando ingresos por alquiler en lugar de ingresos personales

Por Joseph G. Correa

Corredor Hipotecario Licenciado, Finibi Mortgage

Derechos de Autor y Aviso Legal

Publicado por Live Stronger Faster

La información proporcionada en este libro es únicamente para fines educativos e informativos y no debe interpretarse como asesoramiento financiero, legal o fiscal. Se recomienda a los lectores consultar con profesionales con licencia antes de tomar cualquier decisión financiera o inmobiliaria. El autor y el editor no asumen ninguna responsabilidad por pérdidas o daños derivados del uso o mal uso de la información contenida en esta publicación.

Primera Edición, 2026

Tabla de Contenido

Prólogo

Este libro existe para eliminar completamente esa barrera. Está diseñado para mostrarte, paso a paso, cómo calificar para propiedades de inversión en Airbnb utilizando los ingresos generados por la propia propiedad, en lugar de depender de tus ingresos personales, declaraciones de impuestos o historial laboral. En un mundo donde el trabajo independiente está en aumento, donde los inversionistas construyen múltiples fuentes de ingresos y donde el ingreso tradicional W-2 ya no es la norma, los préstamos DSCR ofrecen un nuevo camino—uno que se alinea perfectamente con la forma en que los emprendedores modernos realmente generan y hacen crecer su riqueza. En lugar de preguntar: "¿Cuánto ganas?", los prestamistas comienzan a hacer una pregunta mucho más poderosa: "¿Cuánto genera la propiedad?"

En su esencia, un préstamo hipotecario DSCR para Airbnb se basa en un concepto simple pero transformador conocido como el Índice de Cobertura del Servicio de la Deuda (DSCR). Este índice mide la relación entre los ingresos de una propiedad y sus gastos, determinando si la propiedad puede sostener su propia deuda. A diferencia del financiamiento convencional, que se enfoca fuertemente en los documentos financieros personales, el financiamiento DSCR cambia el enfoque hacia el rendimiento del activo. Esto significa que, si tu propiedad de Airbnb genera suficientes ingresos para cubrir su hipoteca, impuestos, seguro y otras obligaciones, puedes calificar—even si tus ingresos personales no encajan dentro de los lineamientos tradicionales de evaluación.

A medida que avances en este libro, comenzarás a entender que el financiamiento DSCR no es solo un producto de préstamo—es una estrategia. Es una forma de pensar sobre los bienes raíces que prioriza el flujo de efectivo, la escalabilidad y la independencia financiera. En lugar de estar limitado por tus ingresos personales, puedes comenzar a construir un portafolio basado en el rendimiento. Una propiedad lleva a otra, y otra más, creando un efecto compuesto que te permite escalar más rápido que nunca.

Uno de los conceptos más importantes que dominarás en este libro es cómo se calcula el DSCR específicamente para propiedades de Airbnb. A diferencia de los alquileres a largo plazo, donde los ingresos son relativamente estables y predecibles, los alquileres a corto plazo introducen variabilidad. Las tarifas por noche fluctúan, la ocupación cambia según la temporada, y el rendimiento depende de factores como la ubicación, las comodidades, el marketing y la experiencia del huésped. Por esta razón, los prestamistas utilizan diferentes métodos para estimar los ingresos, incluyendo plataformas de datos de alquileres a corto plazo, reportes de rendimiento histórico y proyecciones basadas en el mercado.

Otro aspecto poderoso de los préstamos DSCR para Airbnb es la capacidad de calificar sin verificación tradicional de ingresos. Para muchos inversionistas—especialmente aquellos que son autónomos, poseen múltiples negocios o utilizan estrategias fiscales agresivas—mostrar altos ingresos imponibles puede ser un desafío. Los préstamos DSCR eliminan este obstáculo al enfocarse en el activo en lugar del prestatario.

Sin embargo, con esta flexibilidad viene la responsabilidad. El financiamiento DSCR no se trata de tomar atajos—se trata de estructurar operaciones de manera inteligente. Los prestamistas aún evalúan el crédito, las reservas, la calidad de la propiedad y las condiciones del mercado.

Lo que hace diferente a este libro es su enfoque en la aplicación práctica. No es teoría ni información obsoleta basada en modelos tradicionales. Es una guía real, diseñada para el panorama actual de inversión en Airbnb y financiamiento DSCR.

Al final de este libro, tendrás una comprensión clara de cómo funcionan los préstamos hipotecarios DSCR para Airbnb, cómo calcular y mejorar tu DSCR, cómo calificar sin ingresos tradicionales y cómo posicionar tus operaciones para lograr la aprobación. Más importante aún, tendrás la confianza para tomar acción.

Este es tu punto de entrada a una nueva forma de invertir, una nueva forma de calificar y una nueva forma de pensar sobre los bienes raíces. Las herramientas están aquí. La estrategia está aquí. La oportunidad está aquí. Ahora depende de ti dar el siguiente paso y convertir esa oportunidad en un portafolio que genere ingresos, libertad y riqueza a largo plazo mediante el poder de los préstamos hipotecarios DSCR para Airbnb.

Capítulo 1

Comprendiendo los Préstamos Hipotecarios DSCR para Airbnb — La Base del Financiamiento Basado en la Propiedad

La base de la inversión moderna en Airbnb comienza con un cambio fundamental en la forma en que los prestamistas evalúan a los prestatarios, y ese cambio se representa mejor a través de los préstamos hipotecarios DSCR para Airbnb. Durante décadas, el financiamiento tradicional se ha enfocado casi por completo en el prestatario—ingresos, declaraciones de impuestos, historial laboral y obligaciones de deuda. Aunque este sistema funcionaba para empleados asalariados con ingresos predecibles, creó barreras para emprendedores, inversionistas y trabajadores independientes cuyos perfiles financieros no encajaban perfectamente en los criterios estándar de evaluación. A medida que el mercado de alquileres a corto plazo creció y plataformas como Airbnb transformaron la forma en que las propiedades generan ingresos, los prestamistas se vieron obligados a adaptarse. Los préstamos DSCR surgieron como una respuesta directa a esta evolución, ofreciendo un enfoque más flexible y basado en el rendimiento.

En el centro del financiamiento DSCR hay una idea simple pero poderosa: la propiedad debe poder pagarse por sí sola. En lugar de preguntar cuánto dinero ganas personalmente, los prestamistas evalúan cuánto ingreso genera la propiedad en relación con sus gastos. Esto crea un camino completamente diferente para calificar, uno que se alinea perfectamente con el modelo de negocio de la inversión en Airbnb. Cuando operas un alquiler a corto plazo, esencialmente estás manejando un negocio de hospitalidad. Tu propiedad genera ingresos a través de reservas por noche, y tu éxito depende de tu capacidad para gestionar la ocupación, los precios y la experiencia del huésped.

Para comprender completamente los préstamos DSCR para Airbnb, es importante entender el concepto del Índice de Cobertura del Servicio de la Deuda (DSCR). Este índice mide la relación entre los ingresos brutos o netos de una propiedad y sus obligaciones totales de deuda, incluyendo pagos hipotecarios, impuestos, seguros y, en algunos casos, cuotas de asociación. Un DSCR de 1.0 significa que la propiedad genera justo lo suficiente para cubrir sus gastos. Un DSCR superior a 1.0 indica flujo de efectivo positivo, mientras que un DSCR inferior a 1.0 sugiere que la propiedad puede no sostener completamente su deuda. La mayoría de los prestamistas buscan un DSCR de al menos 1.0 a 1.25, dependiendo del programa, el tipo de propiedad y el perfil del prestatario.

Lo que hace únicas a las propiedades de Airbnb en esta ecuación es la variabilidad de los ingresos. A diferencia de los alquileres a largo plazo, donde un inquilino paga una renta fija mensual, los alquileres a corto plazo operan con precios dinámicos. Las tarifas por noche pueden cambiar según la demanda, la estacionalidad, los eventos locales y las condiciones del mercado. Esto introduce tanto oportunidades como complejidad. Por un lado, las propiedades de Airbnb a menudo generan ingresos significativamente mayores que los alquileres tradicionales. Por otro lado, los prestamistas deben basarse en proyecciones y análisis de datos en lugar de contratos de arrendamiento fijos.

Otra característica clave de los préstamos DSCR para Airbnb es la menor dependencia en la verificación de ingresos personales. En muchos casos, los prestatarios no necesitan proporcionar declaraciones de impuestos, formularios W-2 ni comprobantes de pago. Esto es especialmente beneficioso para personas autónomas que reducen su ingreso imponible mediante deducciones. Con los préstamos DSCR, el enfoque se traslada completamente al activo.

Sin embargo, esta flexibilidad no significa que sean préstamos fáciles o sin riesgo. Los prestamistas aún evalúan el riesgo total de la operación, incluyendo el puntaje crediticio, la liquidez y la experiencia del prestatario, así como la ubicación, condición y demanda del mercado de la propiedad. Por eso, los inversionistas exitosos en DSCR se enfocan fuertemente en la selección de propiedades, analizando ingresos potenciales, tasas de ocupación y gastos operativos antes de comprar.

Uno de los cambios más importantes que debes adoptar como inversionista es pensar como un prestamista. Al evaluar una operación, debes preguntarte: ¿Esta propiedad genera suficiente ingreso para cubrir sus gastos? ¿Existe un margen de seguridad? ¿Cómo se compara con otras propiedades en el mercado? Este enfoque aumenta tus probabilidades de aprobación y éxito sostenible.

Otra gran ventaja de los préstamos DSCR es la escalabilidad. Como se basan en el rendimiento de la propiedad y no en los ingresos personales, permiten adquirir múltiples propiedades sin estar limitado por el ratio deuda-ingreso. Cada propiedad se evalúa de manera independiente, lo que permite un crecimiento acelerado del portafolio.

También es importante entender el papel de las reservas. Los prestamistas suelen requerir varios meses de pagos hipotecarios en reservas. Estas actúan como una red de seguridad en caso de fluctuaciones en los ingresos. En el caso de Airbnb, mantener reservas no solo es un requisito, sino una práctica esencial.

A medida que avances en este libro, verás que los préstamos DSCR para Airbnb no son solo una herramienta financiera, sino una ventaja estratégica. Te permiten alinear tu financiamiento con tus objetivos de inversión, enfocándote en flujo de efectivo, escalabilidad y crecimiento a largo plazo.

Este capítulo establece tu base. Introduce los conceptos, principios y mentalidad necesarios para avanzar. A partir de aquí, profundizaremos en cálculos, proyecciones de ingresos y estructuración de operaciones.

Ejemplo Práctico de un Préstamo DSCR para Airbnb

Imagina a un inversionista llamado Daniel que desea comprar una propiedad de alquiler a corto plazo en un mercado vacacional de alta demanda. El precio de compra es de $500,000 y utiliza un préstamo DSCR con un 20% de enganche ($100,000), financiando $400,000. La tasa de interés es del 7.5% a 30 años, con un pago mensual de aproximadamente $2,797. Sumando impuestos ($500) y seguro ($200), la deuda total mensual es de $3,497.

La fórmula DSCR es:

DSCR = Ingreso Neto Mensual / Deuda Mensual Total

El prestamista analiza el ingreso de la propiedad. Con una tarifa promedio de $250 por noche y 70% de ocupación (21 días al mes), el ingreso bruto mensual es $5,250. Después de gastos operativos ($1,250), el ingreso neto es $4,000.

DSCR = 4,000 / 3,497 ≈ 1.14

Esto significa que la propiedad genera 14% más de lo necesario para cubrir su deuda.

Si mejora la tarifa a $275 por noche, el ingreso sube a $5,775, el ingreso neto a $4,500 y el DSCR a 1.29, fortaleciendo la operación.

Pero si la ocupación baja a 60%, el ingreso neto cae a $3,250 y el DSCR a 0.93, lo cual no califica.

Este ejemplo demuestra que el financiamiento DSCR depende directamente del rendimiento de la propiedad. Cada decisión impacta tu capacidad de calificar y crecer.

Capítulo 2

Cómo se Calcula el DSCR para Propiedades de Airbnb — Desde los Datos Hasta la Aprobación

Comprender cómo se calcula el DSCR para propiedades de Airbnb es una de las habilidades más importantes que puedes desarrollar como inversionista en alquileres a corto plazo. Aunque el concepto de DSCR puede parecer simple a primera vista, la forma en que se aplica a propiedades de Airbnb introduce múltiples matices que pueden fortalecer o debilitar tu capacidad para calificar para financiamiento. A diferencia de las propiedades de alquiler tradicionales, donde los ingresos son fijos y predecibles, las propiedades de Airbnb operan en un entorno dinámico influenciado por la estrategia de precios, las tendencias de ocupación, la estacionalidad, la competencia y la demanda de los huéspedes.

En esencia, el DSCR es un índice que compara los ingresos generados por una propiedad con el costo total de su deuda. Sin embargo, la pregunta más importante no es la fórmula en sí, sino cómo se determina el ingreso. En los alquileres a largo plazo, esto es sencillo gracias a contratos de arrendamiento.

Pero en Airbnb, no existe un contrato fijo, por lo que los prestamistas deben estimar los ingresos utilizando datos de mercado, rendimiento histórico y propiedades comparables.

Los prestamistas generalmente utilizan tres métodos principales para determinar los ingresos de Airbnb. El primero es el uso de datos de mercado de alquileres a corto plazo, provenientes de plataformas como AirDNA u otros proveedores de análisis. Estas herramientas analizan miles de propiedades y proporcionan información sobre tarifas promedio por noche, ocupación y proyecciones mensuales.

El segundo método es el ingreso histórico, aplicable cuando la propiedad ya está operando. En este caso, se revisan datos reales como reservas, ingresos pasados y tendencias de ocupación. Esto puede ser una gran ventaja si la propiedad tiene buen desempeño comprobado.

El tercer método es el análisis basado en tasación. Algunos prestamistas utilizan avalúos especializados que incluyen proyecciones de ingresos de alquiler a corto plazo, combinando datos de mercado con análisis comparativos.

Una vez determinado el ingreso, el siguiente paso es calcular los gastos. Esto incluye el pago hipotecario, impuestos, seguro y, en algunos casos, cuotas HOA. Muchos prestamistas utilizan el concepto de PITIA (principal, intereses, impuestos, seguro y asociación). Los gastos operativos como limpieza o mantenimiento a veces no se incluyen en el cálculo oficial, pero los inversionistas experimentados siempre los consideran.

Una diferencia clave entre inversionistas principiantes y avanzados es cómo analizan estos números. Los inversionistas expertos utilizan múltiples fuentes de datos, ajustan por estacionalidad y aplican proyecciones conservadoras para asegurar la viabilidad del proyecto.

La estacionalidad juega un papel crítico. Muchos mercados tienen temporadas altas y bajas, y aunque los prestamistas promedian ingresos anuales, tú debes analizar el flujo mensual para asegurar que la propiedad pueda cubrir sus gastos en períodos lentos.

La estrategia de precios también es clave. Las tarifas pueden optimizarse según la demanda. Los inversionistas que usan herramientas dinámicas de precios pueden aumentar significativamente sus ingresos y mejorar su DSCR.

También es importante entender los ajustes conservadores de los prestamistas. En algunos casos, reducen el ingreso proyectado (por ejemplo, un 10%) para cubrir incertidumbre.

A medida que desarrollas experiencia, notarás patrones: propiedades en mercados fuertes tienden a generar mejores DSCR, mientras que mercados saturados o altamente estacionales pueden presentar desafíos.

Dominar el DSCR no solo te ayuda a calificar para préstamos, sino a evaluar oportunidades con precisión. Te permite tomar decisiones más rápidas, inteligentes y estratégicas.

Cálculo de DSCR con Datos de Airbnb y Análisis de Escenarios

Imagina una inversionista llamada Sofía que compra una propiedad por $600,000 con un 25% de enganche ($150,000) y un préstamo de $450,000. La tasa es 7.25% a 30 años, con un pago mensual de $3,071. Sumando impuestos ($600), seguro ($250) y HOA ($150), la deuda total es $4,071.

La fórmula es:

DSCR = Ingreso Operativo Neto / Deuda Mensual Total

Basado en datos de mercado:
Tarifa promedio: $300/noche
Ocupación: 68% (~20.4 días/mes)

Ingreso bruto: $6,120

Gastos operativos: $1,500

Ingreso neto: $4,620

DSCR = 4,620 / 4,071 ≈ 1.13

Escenario 1 (mejora en precio):

Tarifa sube a $325 → ingreso neto ≈ $5,130

DSCR = 1.26 (más fuerte)

Escenario 2 (baja ocupación):

Ocupación baja a 55% → ingreso neto ≈ $3,450

DSCR = 0.85 (no califica)

Escenario 3 (reducción de gastos):

Gastos bajan a $1,200 → ingreso neto ≈ $4,920

DSCR = 1.21 (mejora)

Escenario 4 (ajuste del prestamista):

Ingreso reducido 10% → ingreso neto ≈ $4,008

DSCR = 0.98 (riesgo de rechazo)

Este ejemplo demuestra que el DSCR en Airbnb es dinámico. Cada variable—precio, ocupación, gastos y ajustes del prestamista—impacta directamente tu resultado. Al dominar estos factores, puedes posicionarte para aprobación y construir un portafolio rentable y sostenible.

If you want next, I can translate **Chapter 3** or help you turn this into a **high-converting Spanish Amazon book (description + keywords + categories)**.

Capítulo 3

Estrategia Sin Verificación de Ingresos — Cómo Calificar Sin Declaraciones de Impuestos Usando Préstamos DSCR para Airbnb

Una de las ventajas más poderosas de los préstamos hipotecarios DSCR para Airbnb es la capacidad de calificar sin verificación tradicional de ingresos. Durante décadas, el financiamiento inmobiliario se ha basado en un sistema rígido que prioriza declaraciones de impuestos, formularios W-2 y comprobación de empleo. Aunque este sistema funciona para empleados con ingresos estables, crea obstáculos importantes para emprendedores, trabajadores independientes e inversionistas que estructuran sus finanzas de manera estratégica. En el mundo actual, donde los ingresos pueden provenir de múltiples fuentes—negocios en línea, inversiones, consultoría y productos digitales—el modelo tradicional muchas veces no refleja la verdadera fortaleza financiera del prestatario. El financiamiento DSCR cambia esto completamente al enfocarse en el rendimiento del activo en lugar de los ingresos personales.

En esencia, la estrategia sin verificación de ingresos consiste en alinear tu financiamiento con tu modelo de inversión. Cuando compras una propiedad de Airbnb, no dependes de un salario para pagar la hipoteca, sino del ingreso generado por la propiedad. Los préstamos DSCR reconocen esta realidad y permiten calificar basándose en la capacidad del activo para generar flujo de efectivo.

Para aplicar esta estrategia con éxito, debes entender qué buscan los prestamistas en lugar de los ingresos tradicionales. Aunque no se requieren declaraciones de impuestos, sí se evalúan factores como el puntaje crediticio, la liquidez, las reservas y el perfil financiero general. Un buen crédito demuestra responsabilidad, mientras que reservas suficientes indican capacidad para manejar fluctuaciones en los ingresos.

Otro componente clave es la selección de la propiedad. Dado que el préstamo se basa en el ingreso del inmueble, elegir la propiedad correcta es fundamental. Una propiedad bien ubicada en un mercado fuerte puede cumplir fácilmente con los requisitos DSCR, mientras que una mala elección puede impedir la aprobación.

La liquidez y las reservas juegan un papel central. La mayoría de los prestamistas requieren entre 3 y 12 meses de pagos hipotecarios en reservas. Estas actúan como un respaldo en caso de fluctuaciones en los ingresos, algo común en Airbnb debido a la estacionalidad.

El posicionamiento crediticio también es crucial. Aunque los préstamos DSCR son más flexibles, requieren puntajes mínimos (generalmente entre 620 y 700 o más). Un mejor crédito puede traducirse en mejores tasas, menor enganche y mejores condiciones.

Un aspecto frecuentemente mal entendido es la documentación. Aunque no necesitas presentar ingresos personales, sí debes proporcionar información detallada de la propiedad: contrato de compra, avalúo, seguro y, en algunos casos, reportes de ingresos de alquiler a corto plazo.

Otra ventaja es la separación entre finanzas personales y de inversión. Al calificar por la propiedad, puedes estructurar tus inversiones a través de entidades como LLCs, lo que proporciona protección y eficiencia fiscal.

La escalabilidad es donde esta estrategia destaca. A diferencia del financiamiento tradicional, los préstamos DSCR no se limitan por el ratio deuda-ingreso. Cada propiedad se evalúa individualmente, permitiéndote adquirir múltiples activos y crecer tu portafolio más rápido.

Sin embargo, esta oportunidad requiere disciplina. Debes gestionar activamente tus propiedades, optimizar precios, mantener alta ocupación y controlar gastos. Además, debes prepararte para fluctuaciones del mercado y reparaciones inesperadas.

La gestión del riesgo también es clave. Diversificar en diferentes mercados y mantener reservas sólidas ayuda a reducir la exposición a riesgos.

Con el tiempo, esta estrategia se convierte en un sistema repetible: identificar oportunidades, asegurar financiamiento y gestionar propiedades eficazmente. Cada operación exitosa fortalece el sistema y facilita la siguiente adquisición.

En última instancia, esta estrategia representa un cambio en la forma de invertir: deja de depender de ingresos personales y se enfoca en el rendimiento de los activos. Esto permite construir un portafolio escalable, rentable y sostenible.

Construyendo un Portafolio Sin Ingresos Personales Usando DSCR

Imagina un inversionista llamado Marcus que es trabajador independiente y reporta bajos ingresos imponibles debido a deducciones. Bajo reglas tradicionales, tendría dificultades para calificar. Sin embargo, con DSCR, puede hacerlo basándose en el rendimiento de la propiedad.

Compra su primera propiedad por $450,000 con 20% de enganche ($90,000) y financia $360,000 al 7.5%. Su pago mensual total (incluyendo impuestos y seguro) es $3,167.

DSCR = Ingreso de la Propiedad / Servicio de Deuda

Datos:
Tarifa: $240/noche
Ocupación: 72% (~21.6 días)

Ingreso bruto: $5,184
Gastos: $1,200
Ingreso neto: $3,984

DSCR = 3,984 / 3,167 ≈ 1.26 (aprobado)

Compra una segunda propiedad de $500,000 con DSCR de 1.30, fortaleciendo su portafolio.

Efecto portafolio:
Ingreso neto total ≈ $8,000
Deuda total ≈ $6,200
DSCR combinado ≈ 1.29

Reservas:

Propiedad 1: ~$19,000

Propiedad 2: ~$21,000

Escenario de estrés:

Ocupación baja a 60% → DSCR baja a ~1.01 y 1.05

Aún viable gracias a reservas y diversificación.

Con el tiempo, Marcus escala a 5 propiedades, cada una generando flujo de efectivo positivo.

Este ejemplo demuestra el verdadero poder de la estrategia DSCR sin verificación de ingresos: te permite superar limitaciones tradicionales, enfocarte en el rendimiento del activo y construir un portafolio escalable basado en ingresos reales de tus propiedades.

Capítulo 4

Métodos de Tasación para Propiedades de Airbnb — Renta de Mercado vs. Datos de Alquiler a Corto Plazo

Uno de los componentes más críticos y, a menudo, mal comprendidos de los préstamos hipotecarios DSCR para Airbnb es el proceso de tasación. Mientras muchos inversionistas se enfocan en proyecciones de ingresos, términos del préstamo y estrategias de enganche, la tasación es el factor determinante que define cómo el prestamista percibe el valor y el potencial de ingresos de una propiedad. En las transacciones inmobiliarias tradicionales, las tasaciones son relativamente simples: el tasador compara la propiedad con otras similares recientemente vendidas y, en algunos casos, analiza el ingreso por alquiler a largo plazo. Sin embargo, en propiedades de Airbnb, este enfoque no captura completamente su verdadero potencial de ingresos.

En el centro de este capítulo está la diferencia entre la tasación basada en renta de mercado y la tasación basada en datos de alquiler a corto plazo. La renta de mercado representa el ingreso mensual estimado bajo un contrato de alquiler tradicional. Aunque es estable, muchas veces subestima el potencial de propiedades Airbnb en mercados de alta demanda.

Por otro lado, las tasaciones basadas en datos de alquiler a corto plazo utilizan información de plataformas que analizan tarifas por noche, ocupación y tendencias de ingresos. Este enfoque ofrece una representación más realista del potencial de ingresos, lo cual es clave para el cálculo del DSCR.

La elección del método puede impactar directamente tu aprobación. Si se usa renta tradicional y el ingreso es bajo, podrías no calificar, incluso si la propiedad funciona bien como Airbnb. Si se usan datos de corto plazo, el DSCR puede mejorar significativamente.

También es importante el tipo de informe de tasación. Algunos prestamistas usan informes tradicionales, mientras que otros utilizan reportes especializados con proyecciones de ingresos de Airbnb, incluyendo tarifas, ocupación y estacionalidad.

La ubicación es un factor clave. Mercados con alta demanda turística y regulaciones favorables tienden a generar mejores tasaciones. En cambio, mercados emergentes o restringidos pueden presentar estimaciones conservadoras.

Las características de la propiedad también influyen. Factores como número de habitaciones, amenidades, diseño y proximidad a atracciones afectan directamente el desempeño y la tasación.

Otro concepto importante es la diferencia entre ingreso proyectado e ingreso estabilizado. El ingreso proyectado se basa en estimaciones, mientras que el estabilizado refleja el rendimiento después de optimizar la propiedad.

La estacionalidad también juega un papel importante. Los tasadores suelen promediar ingresos anuales, pero como inversionista debes analizar meses específicos para asegurar sostenibilidad.

La comunicación con el prestamista y el tasador puede influir en el resultado. Proveer datos adicionales como comparables de Airbnb y reportes de ingresos puede respaldar mejores proyecciones.

Una estrategia avanzada es elegir propiedades que funcionen bien tanto en alquiler corto como largo plazo, creando una red de seguridad ante cambios del mercado.

La gestión del riesgo es esencial. Sobreestimar ingresos puede causar problemas financieros. Es importante usar proyecciones conservadoras y análisis detallado.

Dominar los métodos de tasación es clave para maximizar oportunidades de financiamiento y valor de la propiedad.

Impacto de la Tasación en el DSCR – Renta de Mercado vs. Airbnb

Imagina una inversionista llamada Elena que compra una propiedad por $550,000 con 20% de enganche ($110,000) y un préstamo de $440,000. Su pago mensual total es $3,770.

DSCR = Ingreso / Deuda

Escenario 1 (Renta de mercado):
Ingreso mensual: $2,800
DSCR = 0.74 → No califica

Escenario 2 (Airbnb):
Tarifa: $275/noche
Ocupación: 70% (~21 días)
Ingreso bruto: $5,775
Gastos: $1,300
Ingreso neto: $4,475

DSCR = 1.19 → Aprobado

Mejora (optimización):

Tarifa sube a $300 → ingreso neto ≈ $5,000

DSCR = 1.33

Ajuste conservador (–10% ingreso):

DSCR ≈ 1.16

Caída de ocupación (60%):

DSCR ≈ 0.97 → Riesgo

Estrategia híbrida:

Renta tradicional mejora a $3,500 → DSCR ≈ 0.93

Mayor estabilidad del activo

Este ejemplo demuestra cómo el método de tasación puede cambiar completamente tu capacidad de calificar. Elegir el prestamista, mercado y propiedad correctos es clave para maximizar el DSCR y asegurar aprobación.

Capítulo 5

Crédito, Reservas y Posicionamiento de Riesgo — Cómo Fortalecer la Aprobación de tu Préstamo DSCR para Airbnb

Aunque los préstamos hipotecarios DSCR para Airbnb eliminan el enfoque en los ingresos personales, no eliminan la necesidad de una sólida posición del prestatario. De hecho, cuando se elimina el ingreso de la ecuación, otros factores se vuelven aún más importantes. El crédito, las reservas y el perfil general de riesgo pasan al primer plano del proceso de evaluación. Estos elementos son los que brindan a los prestamistas la confianza de que puedes manejar el préstamo con éxito, incluso frente a fluctuaciones del mercado o interrupciones temporales en los ingresos.

El crédito es una de las herramientas más poderosas que tienes como inversionista. Representa directamente tu disciplina financiera y confiabilidad. Aunque los préstamos DSCR no requieren verificación de ingresos, los prestamistas dependen en gran medida de tu puntaje crediticio para evaluar el riesgo. Un puntaje alto puede traducirse en mejores condiciones, tasas más bajas, menor enganche y mayores montos de préstamo.

No se trata solo del puntaje, sino del perfil completo: historial de pagos, utilización de crédito, antigüedad y mezcla de cuentas. Debes gestionar activamente estos factores pagando a tiempo, manteniendo bajos los saldos de tarjetas y evitando consultas innecesarias.

Las reservas son otro componente clave, especialmente en Airbnb. Debido a la variabilidad de ingresos, los prestamistas requieren entre 3 y 12 meses de pagos hipotecarios como respaldo. Por ejemplo, si tu pago es de $3,500 y requieren 6 meses, necesitas $21,000 disponibles.

Más allá del requisito mínimo, tener reservas sólidas es una ventaja estratégica. Te permite operar con confianza y puede incluso mejorar tus condiciones de préstamo.

El posicionamiento de riesgo es la combinación de todos los factores que influyen en cómo el prestamista percibe tu operación: crédito, reservas, rendimiento de la propiedad, mercado y estrategia. El objetivo es presentar un escenario de bajo riesgo y alta confianza.

Una forma efectiva de mejorar este posicionamiento es mediante la estructuración del trato. Ajustar el enganche, el monto del préstamo o seleccionar mejores propiedades puede mejorar significativamente el DSCR y reducir el riesgo.

La selección del mercado también es fundamental. Mercados fuertes con alta demanda turística tienden a ser percibidos como menos riesgosos. Por el contrario, mercados inciertos pueden generar mayor escrutinio.

La diversificación es otra estrategia clave. Invertir en diferentes mercados o tipos de propiedad reduce el riesgo y estabiliza los ingresos.

La experiencia del inversionista también influye. Aunque los préstamos DSCR están disponibles para principiantes, tener experiencia o un equipo sólido mejora tu perfil ante el prestamista.

El seguro y la protección de la propiedad también son importantes. Los prestamistas quieren asegurarse de que el activo esté protegido contra riesgos como daños o pérdida de ingresos.

La gestión de la deuda es clave. Aunque puedes escalar rápidamente con DSCR, asumir demasiada deuda puede generar presión financiera. Debes mantener un equilibrio entre crecimiento y estabilidad.

A medida que desarrollas tu estrategia, verás cómo crédito, reservas y posicionamiento de riesgo trabajan juntos. Estos elementos forman la base de tu estrategia financiera y te permiten escalar con éxito.

Cómo el Crédito, las Reservas y la Estructura del Trato Mejoran la Aprobación

Imagina un inversionista llamado Jason que compra una propiedad por $520,000 con 20% de enganche ($104,000) y un préstamo de $416,000. Su pago mensual total es $3,650.

DSCR = Ingreso Operativo Neto / Deuda

Ingreso bruto: $5,800
Gastos: $1,300
Ingreso neto: $4,500

DSCR = 4,500 / 3,650 ≈ 1.23

Impacto del crédito:
Con puntaje de 760, obtiene mejor tasa (7.25%) → pago baja a $3,540
Nuevo DSCR ≈ 1.27

Impacto de reservas:

Requerido: $21,900

Disponible: $50,000 → menor riesgo percibido

Estructura del trato (25% enganche):

Préstamo baja → pago total ≈ $3,500

DSCR ≈ 1.29

Escenario de riesgo:

Ingreso baja → NOI = $4,000

DSCR ≈ 1.10 (original)

DSCR ≈ 1.14 (estructura optimizada)

Este ejemplo demuestra que el crédito, las reservas y la estructura del trato son palancas poderosas. Al optimizarlas, puedes mejorar tu aprobación, obtener mejores condiciones y construir un portafolio sólido y rentable.

Capítulo 6

Cómo Escalar tu Portafolio de Airbnb Usando Préstamos DSCR — De una Propiedad a la Libertad Financiera

El crecimiento es donde los préstamos DSCR para Airbnb realmente se diferencian del financiamiento tradicional. Muchos inversionistas logran adquirir su primera propiedad, pero pocos entienden cómo crecer sistemáticamente hasta construir un portafolio que genere ingresos consistentes y escalables. La limitación casi siempre es el financiamiento. Los préstamos tradicionales dependen de los ingresos personales y del ratio deuda-ingreso, lo que rápidamente se vuelve restrictivo. Los préstamos DSCR eliminan este obstáculo al evaluar cada propiedad de forma independiente.

El primer paso para escalar es entender que tu primera propiedad no es solo una inversión, sino una base. El objetivo no es tener una propiedad, sino crear un sistema repetible. El flujo de efectivo generado puede reinvertirse en nuevas adquisiciones, creando un efecto compuesto que acelera el crecimiento.

Un concepto clave es la "independencia de cada operación". Cada propiedad se evalúa por sí misma, lo que permite seguir adquiriendo activos sin depender de ingresos personales.

La gestión del flujo de efectivo es esencial. Cada propiedad debe cubrir sus gastos y contribuir a la estabilidad del portafolio. Esto requiere optimizar precios, ocupación y operaciones.

La asignación de capital también es crítica. Debes equilibrar nuevas inversiones con reservas suficientes. Esto incluye reinvertir ganancias, usar el capital de manera eficiente y estructurar financiamiento estratégicamente.

El refinanciamiento y la extracción de capital son herramientas poderosas. A medida que las propiedades aumentan su valor, puedes utilizar ese capital para financiar nuevas compras.

La escalabilidad operativa también es importante. Manejar múltiples propiedades requiere sistemas: automatización, gestión de huéspedes y mantenimiento.

La selección del mercado es clave. Puedes concentrarte en un mercado para eficiencia o diversificar para reducir riesgos. La mejor estrategia suele ser un balance entre ambos.

La estrategia de financiamiento también evoluciona. Trabajar con múltiples prestamistas te da flexibilidad y mejores condiciones.

La gestión del riesgo es fundamental. Evitar sobreendeudamiento, mantener reservas y usar proyecciones conservadoras es clave para estabilidad a largo plazo.

El "efecto portafolio" es poderoso. Múltiples propiedades generan ingresos diversificados, reduciendo el impacto de una sola propiedad.

También se requiere un cambio de mentalidad: pasar de inversionista individual a administrador de portafolio, enfocándose en sistemas y estrategia.

La tecnología ayuda a escalar: herramientas de precios dinámicos, software de gestión y análisis de datos mejoran el rendimiento.

En resumen, escalar con DSCR significa crear un sistema sostenible que combine financiamiento, operaciones y análisis de mercado para generar riqueza a largo plazo.

Escalando de 1 a 5 Propiedades con DSCR

Imagina un inversionista llamado Alex que comienza con una propiedad de $400,000 con 20% de enganche ($80,000) y un préstamo de $320,000. Su pago mensual total es $2,800.

DSCR = Ingreso Operativo Neto / Deuda

Ingreso bruto: $5,000
Gastos: $1,200
Ingreso neto: $3,800

DSCR = 3,800 / 2,800 ≈ 1.36

Después de un año, acumula $20,000 y compra una segunda propiedad ($450,000) con DSCR de 1.30.

Portafolio con 2 propiedades:
Ingreso neto: $7,800
Deuda: $5,900
DSCR: 1.32

Luego adquiere una tercera, cuarta y quinta propiedad.

Portafolio con 5 propiedades:
Ingreso neto: $20,000
Deuda: $15,000
DSCR: 1.33

Efecto portafolio:

Si una propiedad baja a DSCR 1.0, el portafolio sigue fuerte (>1.25).

Refinanciamiento:

Extrae $50,000 de equity y compra otra propiedad.

Escenario de estrés (−15% ingreso):

Ingreso neto: $17,000

DSCR: 1.13 → aún estable

Este ejemplo demuestra cómo los préstamos DSCR permiten escalar de manera estratégica, utilizando flujo de efectivo, equity y análisis inteligente para construir un portafolio sólido y rentable.

Capítulo 7

Cómo Optimizar el Rendimiento de Airbnb para Maximizar el DSCR — Precios, Ocupación y Rentabilidad

A medida que avanzas en el mundo de la inversión en Airbnb con préstamos DSCR, un principio se vuelve cada vez más claro: tu capacidad para calificar para financiamiento y escalar tu portafolio está directamente relacionada con el rendimiento de tu propiedad. A diferencia de los bienes raíces tradicionales, donde el financiamiento suele estar desconectado de la operación, los préstamos DSCR crean un vínculo directo entre desempeño y oportunidad. Cuanto mejor funcione tu Airbnb, más fuerte será tu DSCR. Y cuanto más fuerte sea tu DSCR, más opciones de financiamiento tendrás disponibles. Esto crea un ciclo poderoso donde la excelencia operativa impulsa el crecimiento financiero.

En el centro de este proceso hay tres factores clave: precios, ocupación y control de gastos. Estos elementos determinan tus ingresos, tu ingreso operativo neto y, en última instancia, tu DSCR. Mientras muchos inversionistas se enfocan en adquirir propiedades, los más exitosos entienden que la optimización es donde realmente se crea valor. Una propiedad bien optimizada puede superar significativamente el promedio del mercado.

La estrategia de precios es una de las herramientas más poderosas que puedes controlar. A diferencia de los alquileres tradicionales, Airbnb permite precios dinámicos según demanda, estacionalidad y competencia. Fijar precios demasiado altos reduce la ocupación, mientras que precios bajos reducen ingresos. El objetivo es maximizar el ingreso total, no solo el precio por noche.

Las herramientas de precios dinámicos ayudan a ajustar tarifas automáticamente basándose en datos del mercado, permitiéndote maximizar ingresos en temporadas altas y mantener competitividad en todo momento.

La ocupación es el segundo factor crítico. Incluso con precios altos, una propiedad vacía no genera ingresos suficientes. Mantener alta ocupación requiere marketing efectivo, fotos profesionales, descripciones atractivas, comunicación rápida y buenas reseñas.

La estacionalidad es inevitable en Airbnb. Debes adaptar tu estrategia en temporadas bajas con descuentos, promociones o nuevos segmentos de clientes para mantener reservas.

El control de gastos es el tercer pilar. Reducir costos como limpieza, mantenimiento o servicios puede mejorar el DSCR sin necesidad de aumentar ingresos.

El diseño y las amenidades también impactan el rendimiento. Propiedades con características únicas, buen diseño o extras como jacuzzi o decoración moderna pueden cobrar tarifas más altas y atraer más reservas.

La experiencia del huésped es clave. Mejores reseñas aumentan visibilidad, ocupación y precios. Esto requiere atención a cada detalle del proceso de hospedaje.

Otra estrategia es diversificar ingresos: tarifas de limpieza, mascotas, check-in temprano o experiencias adicionales pueden incrementar ingresos totales.

La tecnología y automatización ayudan a optimizar operaciones y tomar decisiones basadas en datos, mejorando eficiencia y rendimiento.

El benchmarking permite comparar tu propiedad con otras similares y ajustar estrategias según métricas clave como ocupación y tarifa promedio.

La optimización debe enfocarse en el largo plazo, creando un sistema sostenible que genere ingresos constantes.

A medida que escalas, pequeñas mejoras en múltiples propiedades generan un efecto compuesto significativo en tus ingresos totales.

En resumen, optimizar tu Airbnb significa tomar control total de tu inversión y maximizar su rendimiento para mejorar tu DSCR y abrir nuevas oportunidades de financiamiento.

Cómo la Optimización Aumenta el DSCR y Desbloquea el Crecimiento

Imagina una inversionista llamada Laura que compra una propiedad por $480,000 con un préstamo de $384,000. Su pago mensual total es $3,300.

DSCR = Ingreso Operativo Neto / Deuda

Escenario inicial:
Tarifa: $220/noche
Ocupación: 65% (~19.5 días)

Ingreso bruto: $4,290
Gastos: $1,200
Ingreso neto: $3,090

DSCR = 0.94 (no califica)

Optimización:

Mejor diseño + fotos + pricing dinámico

Tarifa: $250

Ocupación: 72% (~21.6 días)

Ingreso bruto: $5,400

Gastos: $1,300

Ingreso neto: $4,100

DSCR = 1.24 (aprobado)

Ingresos adicionales:

- $300 mensuales
  Ingreso neto: $4,400

DSCR = 1.33

Optimización de gastos:

Gastos bajan a $1,150

Ingreso neto: $4,550

DSCR = 1.38

Escenario de baja ocupación:

Ocupación baja a 60%

Ingreso neto: $3,350

DSCR = 1.02 (aún viable)

Este ejemplo demuestra cómo la optimización puede transformar una propiedad débil en una inversión sólida y escalable. Al mejorar precios, ocupación y gastos, puedes aumentar tu DSCR, asegurar financiamiento y acelerar el crecimiento de tu portafolio.

Capítulo 8

Estrategias de Refinanciamiento y Cash-Out — Cómo Liberar Capital para Escalar tu Portafolio de Airbnb

A medida que tu portafolio de Airbnb crece y tus propiedades generan ingresos consistentes, una de las estrategias más poderosas disponibles es el refinanciamiento. Mientras muchos inversionistas se enfocan en adquirir propiedades, quienes realmente escalan entienden que el capital acumulado no debe permanecer inmóvil—debe aprovecharse. Las estrategias de refinanciamiento y cash-out te permiten liberar el valor que has construido en tus propiedades y reinvertir ese capital en nuevas oportunidades. Combinado con préstamos DSCR, esto crea un motor de crecimiento que te permite escalar más rápido sin depender únicamente de nuevos ahorros.

En esencia, el refinanciamiento consiste en reemplazar tu préstamo actual con uno nuevo, generalmente con diferentes condiciones. Esto puede hacerse para reducir la tasa de interés, extender el plazo o acceder al capital acumulado mediante un refinanciamiento cash-out. En el contexto de

Airbnb, el cash-out refinance es el más importante, ya que te permite convertir una parte del capital de tu propiedad en dinero líquido.

El concepto de capital (equity) es central. Es la diferencia entre el valor actual de la propiedad y el saldo del préstamo. A medida que el valor sube y el saldo baja, tu capital crece. Los prestamistas permiten acceder a una parte de este capital, normalmente entre el 70% y 80% del valor de la propiedad.

Una gran ventaja de los préstamos DSCR en refinanciamiento es que la aprobación sigue basándose en el rendimiento de la propiedad, no en los ingresos personales. Esto permite acceder a capital sin las limitaciones del financiamiento tradicional.

El momento es clave. Debes refinanciar cuando la propiedad ha aumentado de valor y tiene ingresos estables comprobados. Refinanciar demasiado pronto puede limitar el acceso al capital.

También debes considerar el impacto en el DSCR. Al aumentar el monto del préstamo, aumentan los pagos mensuales, por lo que la propiedad debe generar suficiente ingreso para mantener un DSCR aceptable.

La estrategia BRRRR (Comprar, Renovar, Rentar, Refinanciar, Repetir) es ideal para Airbnb. Permite reutilizar el mismo capital para adquirir múltiples propiedades.

Las tasas de interés y condiciones del mercado también influyen. Tasas bajas mejoran el flujo de efectivo, mientras que tasas altas pueden reducirlo.

El refinanciamiento también puede servir para reorganizar deuda o mejorar estructura financiera, aunque requiere planificación cuidadosa.

La gestión del riesgo es fundamental. Extraer demasiado capital puede aumentar el riesgo financiero. Debes mantener un equilibrio entre crecimiento y estabilidad.

El uso del capital obtenido debe ser estratégico, invirtiéndolo en oportunidades que generen mayor retorno que el costo del financiamiento.

Desde el punto de vista fiscal, el dinero obtenido por refinanciamiento generalmente no se considera ingreso gravable, lo que lo convierte en una herramienta eficiente para acceder a capital.

En resumen, el refinanciamiento transforma tus propiedades en herramientas activas de crecimiento, permitiéndote escalar de forma acelerada y sostenible.

Cash-Out Refinance para Adquirir Más Propiedades

Imagina un inversionista llamado Daniel que compró una propiedad por $400,000 con un préstamo de $320,000. Después de dos años, la propiedad vale $520,000 y el saldo del préstamo es $310,000.

Capital acumulado: $210,000

El prestamista permite refinanciar hasta el 75% del valor:
Nuevo préstamo: $390,000

Después de pagar el préstamo anterior, Daniel recibe $80,000 en efectivo.

DSCR = Ingreso Operativo Neto / Nueva Deuda

Antes del refinanciamiento:
Pago mensual: $2,800
Ingreso neto: $4,200

DSCR = 1.50

Después del refinanciamiento:

Pago total: $3,800

DSCR = 4,200 / 3,800 ≈ 1.11

Daniel usa los $80,000 para comprar una segunda propiedad de $400,000:

Ingreso neto: $3,800
Pago: $2,900
DSCR = 1.31

Portafolio total:

Ingreso neto: $8,000
Deuda: $6,700
DSCR ≈ 1.19

Optimización:

Si mejora ingreso a $4,500 → DSCR sube a 1.23

Escenario de riesgo (–10% ingreso):

Ingreso neto: $7,200
DSCR ≈ 1.07

Este ejemplo demuestra cómo el refinanciamiento permite adquirir nuevas propiedades sin necesidad de ahorrar capital adicional, acelerando el crecimiento del portafolio mientras se mantiene un flujo de efectivo positivo.

Capítulo 9

Préstamos Hipotecarios para Airbnb en Propiedades Multiunidad – Escalando con Dúplex, Tríplex y Cuádruplex

A medida que avanzas en tu camino como inversionista en Airbnb, una de las formas más poderosas de acelerar tanto tus ingresos como tu escalabilidad es pasar a propiedades multiunidad. Los dúplex, tríplex y cuádruplex ofrecen una ventaja única que las propiedades unifamiliares no pueden igualar: múltiples fuentes de ingresos bajo un mismo techo. Cuando se combinan con préstamos DSCR para Airbnb, estas propiedades crean una oportunidad para aumentar significativamente el flujo de efectivo, mejorar la diversificación del riesgo y construir un portafolio más resiliente. Sin embargo, también introducen complejidades adicionales que deben ser comprendidas y gestionadas correctamente.

En el núcleo de la inversión en propiedades multiunidad está el concepto de "capas de ingresos". En lugar de depender de una sola unidad, tienes múltiples unidades generando ingresos. Esto puede aumentar considerablemente el ingreso total y mejorar tu DSCR.

Una de las principales ventajas es la reducción del riesgo. En una propiedad unifamiliar, si no hay ocupación, el ingreso es cero. En una propiedad multiunidad, otras unidades pueden seguir generando ingresos, creando mayor estabilidad financiera.

Para calificar, los prestamistas evalúan el ingreso combinado de todas las unidades, utilizando datos de renta tradicional, Airbnb o una combinación. Es clave optimizar cada unidad individualmente.

El cumplimiento normativo es fundamental. Las propiedades multiunidad suelen tener más restricciones legales, por lo que debes investigar regulaciones locales antes de invertir.

La operación también es más compleja: limpieza, mantenimiento y comunicación con huéspedes requieren más organización. Sin embargo, también permite eficiencias operativas al centralizar procesos.

La estrategia de precios puede variar por unidad. Puedes segmentar el mercado, por ejemplo, una unidad para familias y otra para viajeros individuales, maximizando ingresos.

La gestión de gastos es clave. Aunque algunos costos aumentan, otros se reducen gracias a economías de escala.

El financiamiento DSCR permite acceder a propiedades de mayor valor debido al mayor ingreso combinado, aunque puede implicar requisitos más estrictos.

Una estrategia avanzada es combinar alquileres a corto y largo plazo dentro del mismo inmueble para estabilidad y flexibilidad.

Las propiedades multiunidad aceleran el crecimiento del portafolio, ya que generan múltiples ingresos con una sola compra.

La gestión del riesgo sigue siendo esencial. Debes usar proyecciones conservadoras, cumplir regulaciones y mantener reservas.

También requiere un cambio de mentalidad: pasar de inversionista individual a operador de un negocio de hospitalidad.

En resumen, las propiedades multiunidad permiten construir un portafolio más rentable, estable y escalable cuando se gestionan correctamente.

Dúplex Airbnb vs Propiedad Unifamiliar

Imagina una inversionista llamada Carla evaluando dos propiedades de $500,000 con 20% de enganche y un pago mensual total de $3,500.

DSCR = Ingreso Operativo Neto Total / Deuda

Propiedad Unifamiliar:

Ingreso bruto: $5,200

Gastos: $1,300

Ingreso neto: $3,900

DSCR = 3,900 / 3,500 ≈ 1.11

Dúplex:

Ingreso bruto total: $6,400

Gastos: $1,800

Ingreso neto: $4,600

DSCR = 4,600 / 3,500 ≈ 1.31

Escenario de vacancia:

Unifamiliar: DSCR ≈ 0.91 (riesgo)

Dúplex: DSCR ≈ 1.14 (más estable)

Optimización:

Ingreso por unidad sube a $3,400

Ingreso neto: $5,000

DSCR = 1.43

Este ejemplo muestra cómo los dúplex y propiedades multiunidad ofrecen mayor estabilidad, mejor DSCR y mayor potencial de crecimiento en comparación con propiedades unifamiliares.

Capítulo 10

Estructuración Avanzada de Préstamos Hipotecarios para Airbnb — Combinando DSCR, Financiamiento Basado en Activos y Estrategias Creativas

A medida que llegas a una etapa avanzada en la inversión en Airbnb, el enfoque cambia de simplemente calificar para préstamos a estructurar operaciones estratégicamente. En este nivel, el éxito ya no depende de si puedes ser aprobado, sino de qué tan inteligentemente combinas herramientas financieras para maximizar el apalancamiento, el flujo de efectivo y el crecimiento a largo plazo. Los préstamos DSCR siguen siendo la base, pero al combinarlos con financiamiento basado en activos y estrategias creativas, se abre un nuevo nivel de flexibilidad y oportunidad.

La esencia de la estructuración avanzada es la flexibilidad. En lugar de depender de un solo tipo de préstamo, comienzas a combinar diferentes fuentes de financiamiento para lograr objetivos específicos. Los préstamos DSCR proporcionan la base, el financiamiento basado en activos permite usar efectivo, inversiones o cuentas de retiro, y las estrategias creativas como financiamiento del vendedor, préstamos privados o asociaciones cubren los vacíos.

Una combinación poderosa es DSCR con financiamiento basado en activos. Por ejemplo, puedes usar un préstamo DSCR para financiar la mayor parte de la propiedad y una línea de crédito respaldada por activos para el enganche, evitando liquidar inversiones.

Otra estrategia es manejar múltiples propiedades como un sistema, optimizando el portafolio en conjunto en lugar de tratar cada propiedad de forma aislada.

El financiamiento creativo también es clave. El financiamiento del vendedor puede reducir el capital inicial, los prestamistas privados aportan rapidez y flexibilidad, y las asociaciones permiten acceder a más capital o experiencia.

La gestión de tasas de interés es importante. Debes equilibrar el costo del capital con el flujo de efectivo para mantener rentabilidad.

La optimización del LTV (loan-to-value) es esencial. Más apalancamiento acelera el crecimiento pero aumenta el riesgo; menos apalancamiento brinda estabilidad.

La eficiencia del capital es otro concepto clave. Los inversionistas avanzados maximizan el uso de su capital mediante refinanciamiento, reutilización de equity y estructuras eficientes.

El timing también es crítico. Puedes usar préstamos puente, estabilizar propiedades y luego refinanciar con DSCR para maximizar valor.

La gestión del riesgo es aún más importante en estructuras complejas. Debes evaluar escenarios, mantener reservas y entender todas las obligaciones financieras.

El uso de entidades legales puede mejorar la flexibilidad, protección y eficiencia fiscal.

Las habilidades de negociación se vuelven fundamentales para obtener mejores términos con prestamistas, vendedores y socios.

El uso de tecnología y análisis de datos permite tomar decisiones más inteligentes y detectar oportunidades.

En última instancia, la estructuración avanzada no se trata de complejidad, sino de control y flexibilidad para maximizar resultados.

Combinando DSCR, Financiamiento Basado en Activos y Estrategias Creativas

Imagina un inversionista llamado Víctor que compra una propiedad por $700,000 utilizando múltiples estrategias.

Obtiene un préstamo DSCR del 75% ($525,000) con pago mensual total de $4,400.

Ingreso bruto: $8,000
Gastos: $2,000
Ingreso neto: $6,000

DSCR inicial = 6,000 / 4,400 ≈ 1.36

Para el enganche ($175,000):

- Línea de crédito basada en activos: $100,000 (pago $500)
- Préstamo privado: $75,000 (pago $500)

Obligaciones totales adicionales: $1,000

Nueva deuda total: $5,400

DSCR ajustado = 6,000 / 5,400 ≈ 1.11

Optimización:

Ingreso neto sube a $6,500

DSCR = 6,500 / 5,400 ≈ 1.20

Refinanciamiento:

Valor sube a $850,000

Nuevo préstamo (75%): $637,500

Pago DSCR: $5,200

Obligaciones adicionales bajan a $300

Total deuda: $5,500

Ingreso neto: $6,800

DSCR ≈ 1.24

Escenario de riesgo:

Ingreso neto baja a $5,800

DSCR ≈ 1.05

Este ejemplo demuestra cómo combinar múltiples fuentes de financiamiento permite adquirir propiedades de mayor valor, maximizar el uso del capital y escalar más rápido. La clave es entender cómo cada componente impacta el DSCR y el riesgo, estructurando operaciones que equilibren crecimiento y estabilidad.

Capítulo 11

Gestión del Riesgo y Estabilidad a Largo Plazo — Cómo Proteger tu Portafolio de Airbnb Mientras Escalas

A medida que tu portafolio de Airbnb crece y tus estrategias de financiamiento se vuelven más avanzadas, un principio se vuelve cada vez más importante: proteger lo que has construido. Aunque adquirir propiedades y escalar es emocionante, el éxito a largo plazo en la inversión con préstamos DSCR depende de tu capacidad para gestionar el riesgo y mantener la estabilidad. Sin un marco sólido de gestión de riesgos, incluso un portafolio bien estructurado puede volverse vulnerable a fluctuaciones del mercado, desafíos operativos y presión financiera.

El riesgo en la inversión en Airbnb proviene de múltiples fuentes. El riesgo de mercado es uno de los más importantes. Cambios en la demanda, competencia o regulaciones pueden afectar directamente la ocupación y los precios. Un aumento en la oferta de alquileres a corto plazo o nuevas restricciones legales puede reducir ingresos y obligarte a ajustar tu estrategia.

Otro riesgo clave es la variabilidad de ingresos. A diferencia de los alquileres tradicionales, los ingresos en Airbnb fluctúan según la temporada, la demanda y factores económicos. Para manejar esto, debes usar proyecciones conservadoras y asegurarte de que tus propiedades puedan cubrir sus obligaciones incluso en períodos bajos.

El riesgo financiero está relacionado con el apalancamiento. Aunque los préstamos DSCR permiten escalar rápido, un exceso de deuda puede afectar tu flujo de efectivo. Es importante mantener un equilibrio, asegurando que cada propiedad contribuya positivamente al portafolio.

Las reservas son una de las herramientas más efectivas para mitigar riesgos. Mantener varios meses de gastos permite enfrentar periodos de baja ocupación o gastos inesperados sin afectar la estabilidad financiera.

La diversificación es otra estrategia clave. Invertir en diferentes mercados y tipos de propiedad reduce la exposición a riesgos específicos y crea mayor estabilidad.

El riesgo operativo también es importante. La mala gestión puede generar malas reseñas, baja ocupación y menor ingreso. Debes implementar sistemas sólidos para asegurar consistencia y calidad.

El seguro y la protección legal son esenciales. Las propiedades Airbnb enfrentan riesgos únicos como daños o responsabilidades legales, por lo que contar con cobertura adecuada es fundamental.

Otra herramienta importante es el "stress testing". Analizar escenarios como caída de ingresos o aumento de gastos te permite anticipar problemas y tomar decisiones proactivas.

La estructura de la deuda también influye en el riesgo. Préstamos con tasa fija ofrecen estabilidad, mientras que tasas variables pueden generar incertidumbre.

La liquidez es clave. Mantener acceso a efectivo o líneas de crédito permite responder a oportunidades o emergencias sin afectar tu estrategia.

La adaptabilidad es esencial. Los mercados inmobiliarios cambian, y los inversionistas exitosos ajustan sus estrategias según las condiciones.

La disciplina es lo que diferencia a los inversionistas exitosos. Evitar decisiones impulsivas, mantener criterios claros y no sobreapalancarse es fundamental para la estabilidad a largo plazo.

A medida que creces, los sistemas y procesos se vuelven indispensables. Debes monitorear métricas, organizar operaciones y mantener eficiencia en todas tus propiedades.

En última instancia, la gestión del riesgo se trata de control. Entender los factores que afectan tu portafolio y gestionarlos activamente te permite construir un negocio sólido, resiliente y sostenible.

Para ver cómo esto funciona en la práctica, considera a una inversionista llamada Natalie que posee tres propiedades Airbnb financiadas con préstamos DSCR. Su ingreso operativo neto mensual combinado es de $12,000 y su deuda total es de $9,000, lo que resulta en un DSCR de 1.33, indicando un portafolio fuerte. En un escenario donde la ocupación disminuye un 15%, su ingreso baja a $10,200 y su DSCR se reduce a 1.13, mostrando la importancia de mantener reservas. En otro escenario donde los gastos aumentan en $1,000, su ingreso neto baja a $11,000 y su DSCR a 1.22, demostrando el impacto de los costos operativos. Si ambos factores ocurren al mismo tiempo, el ingreso neto baja a $9,500 y el DSCR a 1.06, acercándose al límite mínimo y aumentando el riesgo.

Natalie mantiene $60,000 en reservas, equivalentes a seis meses de gastos, lo que le permite cubrir situaciones como la pérdida temporal de ingresos en una propiedad. Además, gracias a la diversificación, si una propiedad tiene bajo rendimiento, las otras pueden compensar, manteniendo el portafolio estable.

Este ejemplo demuestra que la gestión del riesgo no es opcional, sino esencial. Al analizar escenarios, mantener reservas y diversificar ingresos, puedes proteger tu portafolio y asegurar estabilidad a largo plazo mientras continúas escalando.

Capítulo 12

Construyendo un Sistema Completo de Inversión en Airbnb — De la Primera Propiedad a la Libertad Financiera

En esta etapa de tu camino, ya has aprendido cómo calificar para préstamos DSCR en Airbnb, analizar oportunidades, optimizar el rendimiento, escalar tu portafolio, refinanciar para crecer y gestionar el riesgo. Ahora es momento de integrar todo en un sistema completo y repetible. Este es el paso final y más importante: pasar de transacciones individuales a un negocio estructurado y escalable que genere ingresos consistentes y riqueza a largo plazo.

Un sistema exitoso de inversión en Airbnb se basa en cinco componentes clave: búsqueda de oportunidades, financiamiento, ejecución, optimización y escalamiento. Estos elementos trabajan juntos en un ciclo continuo que impulsa el crecimiento y la estabilidad. Cuando este sistema está bien diseñado, se vuelve autosostenible, donde cada operación exitosa facilita la siguiente.

La búsqueda de oportunidades es el punto de partida. No se trata de buscar propiedades al azar, sino de identificar mercados, tipos de propiedad y rangos de precio alineados con tu estrategia. Analizas datos, tendencias y seleccionas oportunidades con alto potencial de ingreso y valorización.

El financiamiento es el motor del sistema. Los préstamos DSCR son la base, pero también puedes integrar refinanciamiento, financiamiento basado en activos y estrategias creativas. La clave es mantener flexibilidad sin comprometer la estabilidad financiera.

La ejecución es donde el sistema cobra vida. Incluye la compra, renovaciones, preparación del listing y lanzamiento de la propiedad. La eficiencia es fundamental, ya que cuanto más rápido operes, antes generas ingresos.

La optimización es un proceso continuo. Ajustas precios, mejoras la experiencia del huésped, aumentas ocupación y controlas gastos para mejorar el rendimiento y el DSCR.

El escalamiento conecta todo el sistema. Repites el proceso en múltiples propiedades, creando un efecto compuesto que acelera el crecimiento.

La documentación es clave para replicar el éxito. Definir cada paso permite delegar tareas y mantener consistencia.

La construcción de equipo se vuelve necesaria a medida que creces. Administradores, limpieza y soporte operativo permiten enfocarte en estrategia.

La tecnología facilita la automatización, mejora decisiones y optimiza operaciones.

El seguimiento de métricas es esencial. Debes monitorear ocupación, ingresos, gastos y DSCR para tomar decisiones informadas.

La gestión del capital asegura crecimiento sostenible. Debes equilibrar reinversión y reservas.

La mentalidad es fundamental. Disciplina, paciencia y enfoque a largo plazo son claves para superar desafíos.

Un sistema bien diseñado crea libertad. A medida que optimizas procesos, reduces tu participación diaria y aumentas ingresos pasivos.

También construyes un legado. Un portafolio sólido puede generar ingresos por años y crecer en el tiempo.

En última instancia, el éxito no depende de operaciones individuales, sino del sistema detrás de ellas.

Para entender cómo funciona esto en la práctica, imagina una inversionista llamada Sofía que comienza con una propiedad de $450,000 con un préstamo de $360,000 y pago mensual de $3,200. Inicialmente genera un ingreso operativo neto de $4,000, con un DSCR de 1.25. A través de optimización, aumenta su ingreso a $4,500 y su DSCR a 1.41. Luego adquiere una segunda propiedad que genera $3,800 de ingreso neto con deuda de $3,000, logrando un DSCR de 1.27. Su portafolio combinado ahora genera $8,300 con deuda de $6,200, resultando en un DSCR de 1.34.

A medida que continúa, adquiere una tercera y cuarta propiedad, alcanzando un ingreso neto total de $16,000 y deuda de $12,000, con DSCR de 1.33. Luego utiliza refinanciamiento para extraer $60,000 y adquirir una quinta propiedad con DSCR de 1.30. En un escenario de estrés donde el ingreso baja 10%, su ingreso neto es $14,400 y el DSCR 1.20, manteniéndose estable. Finalmente, construye un portafolio de seis propiedades con ingreso mensual de $24,000 y deuda de $18,000, logrando un DSCR de 1.33 y alcanzando independencia financiera.

Este ejemplo demuestra el poder de un sistema completo de inversión en Airbnb. Al integrar búsqueda, financiamiento, ejecución, optimización y escalamiento en un proceso repetible, puedes construir un portafolio sólido, rentable y sostenible que genere ingresos constantes y riqueza a largo plazo.

Capítulo 13

Estrategias de Salida y Riqueza a Largo Plazo — Cuándo y Cómo Vender, Mantener o Transformar tu Portafolio de Airbnb

A medida que construyes y escalas tu portafolio de Airbnb utilizando financiamiento DSCR, es fácil enfocarse únicamente en la adquisición, optimización y crecimiento. Sin embargo, uno de los aspectos más importantes del éxito a largo plazo es entender cómo y cuándo salir, o más precisamente, cómo transformar estratégicamente tus inversiones con el tiempo. Las estrategias de salida no significan detenerte, sino evolucionar. Determinan cómo conviertes tu portafolio en riqueza a largo plazo, liquidez o libertad financiera. Sin una estrategia clara, incluso un portafolio exitoso puede volverse ineficiente o desalineado con tus objetivos.

Una estrategia de salida es un plan para capturar el valor de tus inversiones. Puede incluir vender propiedades, refinanciar para extraer capital, convertir a alquileres a largo plazo o mantener activos para generar flujo de efectivo continuo. La mejor opción depende de tus objetivos financieros, condiciones del mercado y situación personal.

Una de las estrategias más comunes es la venta. Vender permite capturar la apreciación y convertir equity en efectivo. Es atractiva en mercados fuertes, pero implica perder ingresos futuros y pagar impuestos y costos de transacción.

Otra estrategia es mantener y generar flujo de efectivo. Este enfoque se alinea con DSCR, ya que las propiedades están optimizadas para ingresos. A largo plazo, el flujo de efectivo crece a medida que disminuye la deuda y aumenta el ingreso.

El refinanciamiento es una salida parcial. Permite extraer capital sin vender, manteniendo propiedad y flujo de efectivo. Es clave para escalar, pero debe usarse con cuidado para evitar sobreapalancamiento.

Una estrategia híbrida es convertir propiedades a alquiler a largo plazo. Esto puede ser útil si cambian regulaciones o baja la demanda de Airbnb, proporcionando estabilidad.

Otra estrategia avanzada es la consolidación del portafolio. Vender varias propiedades pequeñas para comprar activos más grandes puede mejorar eficiencia y simplificar gestión.

El timing es fundamental. Los mercados son cíclicos, y decidir cuándo vender, mantener o refinanciar impacta directamente los resultados.

Las implicaciones fiscales son importantes. Vender puede generar impuestos sobre ganancias, mientras que refinanciar generalmente no. Estrategias como el intercambio 1031 pueden diferir impuestos.

La alineación con tu estilo de vida también importa. A medida que creces, puedes querer simplificar operaciones o reducir carga de trabajo.

La gestión del riesgo sigue siendo clave. Mantener propiedades implica riesgos, pero vender demasiado pronto limita el crecimiento. Debes encontrar el equilibrio adecuado.

El concepto de legado también es importante. Un portafolio bien estructurado puede generar riqueza generacional.

Las estrategias de salida no son excluyentes. Puedes vender algunas propiedades, refinanciar otras y mantener el resto.

En última instancia, las estrategias de salida te dan control sobre cuándo y cómo capturas valor.

Para entender cómo funcionan estas estrategias, considera un inversionista llamado Daniel que compró una propiedad por

$400,000 y ahora vale $600,000. Su saldo de préstamo es $300,000 y su ingreso neto mensual es $4,500, con una deuda de $2,800, lo que resulta en un DSCR de 1.61, mostrando un desempeño sólido. Si vende la propiedad por $600,000, después de pagar la deuda recibe aproximadamente $260,000 netos, pero pierde un flujo mensual de $1,700. Si refinancia al 75%, obtiene $150,000 en efectivo, pero su deuda sube a $3,600 y su DSCR baja a 1.25, manteniendo ingreso pero con menor margen. Si decide mantener la propiedad, conserva el DSCR de 1.61 y el flujo de efectivo, beneficiándose de apreciación futura. En una estrategia híbrida, usa el refinanciamiento para adquirir otra propiedad que genera $3,800 de ingreso neto con deuda de $3,000, creando un portafolio con ingreso total de $8,300 y deuda de $6,600, con DSCR de 1.26. En un escenario de estrés donde el ingreso baja 10%, el DSCR se reduce a 1.13, pero sigue siendo estable.

Este ejemplo demuestra cómo cada estrategia impacta los resultados financieros. Vender ofrece liquidez inmediata, refinanciar equilibra liquidez e ingresos, y mantener maximiza crecimiento a largo plazo. Al entender estas opciones, puedes tomar decisiones alineadas con tus objetivos y construir riqueza sostenible.

Capítulo 14

Construyendo un Legado con la Inversión en Airbnb — Transformando el Flujo de Efectivo en Riqueza Generacional

En esta etapa de tu camino, has ido más allá de simplemente adquirir propiedades y generar ingresos. Has aprendido cómo calificar utilizando préstamos DSCR, escalar tu portafolio, optimizar el rendimiento, gestionar el riesgo e implementar estrategias de salida. Ahora llega la evolución final: transformar tu portafolio de Airbnb en un activo de legado que va mucho más allá de tu propia vida. Aquí es donde la inversión en alquileres a corto plazo deja de ser solo un negocio y se convierte en un vehículo para la riqueza generacional, la seguridad financiera y el impacto a largo plazo.

La construcción de un legado comienza con un cambio de perspectiva. En lugar de enfocarte únicamente en ganancias a corto plazo o en escalar rápidamente, comienzas a pensar en décadas en lugar de años. Consideras cómo se comportarán tus activos con el tiempo, cómo serán gestionados y cómo podrán transferirse o expandirse en el futuro. Esta mentalidad a largo plazo influye en cada decisión, desde la selección de propiedades y el financiamiento hasta la gestión y las estrategias de reinversión. Requiere disciplina, paciencia y una visión clara de lo que deseas lograr.

Uno de los aspectos más poderosos de la inversión en Airbnb es su capacidad para generar tanto flujo de efectivo como apreciación. El flujo de efectivo proporciona ingresos inmediatos que apoyan tu estilo de vida y tus esfuerzos de reinversión. La apreciación incrementa tu patrimonio con el tiempo, creando riqueza a largo plazo. Cuando estos dos elementos se combinan, generan un efecto compuesto que puede aumentar significativamente tu patrimonio neto. Al reinvertir tu flujo de efectivo en nuevas propiedades o mejoras, aceleras este proceso y construyes un portafolio que crece de forma exponencial.

La deuda juega un papel único en este proceso. Aunque muchas veces se percibe como un pasivo, en la inversión inmobiliaria es una herramienta poderosa para crear riqueza. Los préstamos DSCR te permiten apalancar tus propiedades, utilizando capital prestado para adquirir activos que generan ingresos. Con el tiempo, a medida que los huéspedes pagan indirectamente tus hipotecas, tu capital aumenta. Este proceso, conocido como amortización, transforma gradualmente la deuda en propiedad, fortaleciendo tu posición financiera.

Otro componente clave es la durabilidad del portafolio. Esto se refiere a la capacidad de tu portafolio para resistir fluctuaciones del mercado y seguir generando ingresos con el tiempo. Los portafolios duraderos se construyen con propiedades de alta calidad, mercados diversificados y estructuras financieras conservadoras. Están diseñados para rendir no solo en condiciones ideales, sino también en momentos de incertidumbre, lo que garantiza estabilidad a largo plazo.

La planificación patrimonial es una parte esencial de la construcción de legado. A medida que tu portafolio crece, debes considerar cómo se gestionarán y transferirán tus activos en el futuro. Esto puede implicar la creación de fideicomisos, el uso de entidades legales o el establecimiento de planes de sucesión claros. El objetivo es preservar el valor de tus activos y asegurar que continúen generando riqueza para futuras generaciones.

Otro concepto importante es el reemplazo de ingresos. A medida que tu portafolio genera más flujo de efectivo, eventualmente puede reemplazar tu fuente principal de ingresos. Esto crea independencia financiera, permitiéndote decidir cómo usar tu tiempo y recursos. Más allá de ese punto, los ingresos adicionales pueden reinvertirse, ahorrarse o utilizarse para mejorar tu estilo de vida.

Escalar con intención también es fundamental. El crecimiento debe alinearse con tus objetivos a largo plazo. Esto implica priorizar calidad sobre cantidad, asegurando que cada propiedad aporte valor al portafolio y evitando el sobreapalancamiento.

La reinversión es otra estrategia poderosa. En lugar de gastar todas tus ganancias, reinviertes una parte en nuevas oportunidades o mejoras, creando un ciclo continuo de crecimiento.

La diversificación sigue siendo clave en esta etapa. Invertir en diferentes mercados y tipos de propiedades reduce el riesgo y crea mayor estabilidad.

La sostenibilidad operativa también es esencial. A medida que tu portafolio crece, debes implementar sistemas, tecnología y equipos que permitan mantener el rendimiento sin depender de tu participación directa.

La eficiencia fiscal es otro factor importante. Estrategias como depreciación, refinanciamiento y diferimiento de impuestos pueden ayudarte a conservar más riqueza.

Además del aspecto financiero, también existe el impacto. Tus inversiones pueden beneficiar a comunidades, negocios locales y otras personas, creando un legado más allá del dinero.

En esta etapa, tu rol cambia. Ya no solo eres un inversionista, eres el creador de un sistema que genera valor a largo plazo.

En última instancia, construir un legado con Airbnb significa crear algo duradero: un sistema que proporcione seguridad, libertad y oportunidades durante generaciones.

Para ver cómo esto funciona en la práctica, considera a una inversionista llamada María. Comienza con una propiedad que genera $4,200 de ingreso neto mensual con una deuda de $3,000, logrando un DSCR de 1.40, lo que le permite escalar. En cinco años adquiere cuatro propiedades adicionales, alcanzando un ingreso neto total de $21,000 y deuda de $15,000, manteniendo un DSCR de 1.40. Después de pagar la deuda, genera $6,000 mensuales de flujo de efectivo, que reinvierte para seguir creciendo. Con el tiempo, la amortización reduce su deuda en $200,000 y la apreciación aumenta el valor de sus propiedades en $500,000, incrementando significativamente su patrimonio. En un escenario de estrés con una caída del 10% en ingresos, su DSCR baja a 1.26, manteniéndose estable. Finalmente, cuando sus propiedades se pagan completamente, su ingreso mensual alcanza los $21,000, brindándole independencia financiera total.

Este ejemplo demuestra que la inversión en Airbnb, combinada con financiamiento DSCR y disciplina estratégica, puede crear riqueza a largo plazo y seguridad financiera. Al enfocarte en flujo de efectivo, apreciación y reinversión, puedes construir un portafolio que no solo genere ingresos, sino que también se convierta en un verdadero legado generacional.

Capítulo 15

El Plan Maestro Final — De la Estrategia a la Ejecución y la Creación de Riqueza de por Vida

Al llegar al capítulo final de esta serie, todo se une en un principio fundamental: la ejecución. El conocimiento sin ejecución no genera resultados. La estrategia sin acción no produce ingresos. La diferencia entre quienes construyen riqueza a través de la inversión en Airbnb y quienes se quedan atrapados en el análisis es la capacidad de aplicar lo aprendido de forma consistente, inteligente y disciplinada a lo largo del tiempo.

Este capítulo no trata sobre nuevos conceptos, sino sobre integrar todo lo que has aprendido en un plan claro y accionable que puedas seguir durante toda tu carrera como inversionista. Desde la calificación DSCR y el análisis de oportunidades hasta la optimización, el escalamiento, el refinanciamiento y la creación de legado, ahora tienes todas las herramientas. Lo que importa ahora es cómo las utilizas.

El primer paso en la ejecución es la claridad. Debes definir exactamente qué estás construyendo. ¿Buscas $5,000 mensuales en flujo de efectivo? ¿$20,000? ¿Independencia financiera en cinco años? ¿Un portafolio de legado para tu familia? Tu objetivo determina tu estrategia. Sin un objetivo claro, es fácil desviarse, perseguir oportunidades que no se alinean con tus metas o escalar de una manera que genere estrés en lugar de libertad. La claridad genera enfoque, y el enfoque genera resultados.

Una vez definido tu objetivo, el siguiente paso es diseñar tu plan de adquisiciones. Basado en el ingreso que deseas, puedes determinar cuántas propiedades necesitas y qué nivel de rendimiento debe alcanzar cada una. Por ejemplo, si tu meta es generar $10,000 mensuales y cada propiedad produce $2,000, necesitas cinco propiedades. Este cálculo simple se convierte en la base de tu hoja de ruta.

Luego viene la disciplina en la selección de oportunidades. No todas las propiedades son buenas inversiones, y uno de los errores más comunes es bajar los estándares para avanzar más rápido. La verdadera ejecución no se trata de velocidad, sino de consistencia. Cada propiedad debe cumplir con criterios sólidos de DSCR, ingresos, gastos y mercado. Una mala inversión puede retrasarte, mientras que una serie de buenas decisiones acelera tu crecimiento.

La estrategia de financiamiento sigue siendo clave. Los préstamos DSCR te permiten avanzar sin depender de ingresos personales, pero requieren planificación. Debes mantener buen crédito, reservas sólidas y un perfil de riesgo saludable. A medida que creces, puedes incorporar refinanciamiento, financiamiento basado en activos y estrategias creativas.

La ejecución también requiere velocidad y eficiencia. En mercados competitivos, las oportunidades desaparecen rápido. Estar preparado—con financiamiento, equipo y procesos—te permite actuar con rapidez y comenzar a generar ingresos antes.

Una vez adquirida la propiedad, el enfoque pasa a la optimización. Aquí es donde realmente se crea la rentabilidad. Precios, ocupación, experiencia del huésped y control de gastos determinan tu ingreso operativo neto. El objetivo es maximizar el rendimiento lo antes posible para fortalecer tu DSCR y tu posición financiera.

La consistencia es la clave del éxito a largo plazo. Una propiedad exitosa es valiosa, pero un sistema repetible es transformador. Al aplicar el mismo proceso en cada adquisición, creas un ciclo de crecimiento continuo que se potencia con el tiempo.

Escalar requiere equilibrio. Crecer es importante, pero también lo es mantener estabilidad. Debes evitar sobreapalancarte, mantener reservas y gestionar el riesgo. El equilibrio entre crecimiento y estabilidad es lo que permite escalar con confianza.

La adaptabilidad también es esencial. Los mercados cambian, las regulaciones evolucionan y surgen nuevas oportunidades. Los inversionistas exitosos se ajustan, cambian de estrategia y siguen avanzando.

La mentalidad juega un papel fundamental. La perseverancia, resiliencia y capacidad de aprender de errores son claves. Siempre habrá desafíos, pero quienes continúan avanzando son los que construyen riqueza real.

La gestión del tiempo se vuelve crítica a medida que creces. Debes priorizar, delegar y enfocarte en actividades de alto impacto para evitar saturarte.

Los sistemas y la automatización son esenciales. Herramientas de gestión, precios dinámicos y automatización reducen trabajo, aumentan eficiencia y aseguran consistencia.

También debes medir tu progreso. Monitorear DSCR, flujo de efectivo, ocupación y retorno te permite tomar decisiones inteligentes y mejorar continuamente.

La longevidad es el objetivo final. No se trata solo de construir un portafolio, sino de mantenerlo y hacerlo crecer con el tiempo. Esto requiere enfoque a largo plazo, estabilidad y mejora constante.

Este capítulo representa la transición de aprender a hacer. Ya tienes el conocimiento, las herramientas y la estrategia. Ahora solo queda ejecutar. Con acción consistente y disciplinada, puedes transformar tus metas en realidad y construir un portafolio que genere libertad financiera y riqueza duradera.

Para ver cómo todo esto se aplica en la práctica, imagina un inversionista llamado James que se propone generar $20,000 mensuales en ingresos operativos netos. Determina que cada propiedad debe generar $4,000, por lo que planea adquirir cinco propiedades. Su primera propiedad genera $4,200 de ingreso neto con deuda de $3,000, logrando un DSCR de 1.40, lo que le permite seguir calificando para nuevos préstamos. Repite el proceso hasta tener cinco propiedades que generan $21,000 en total con deuda de $15,000, manteniendo un DSCR de 1.40. Después de la deuda, genera $6,000 mensuales en flujo de efectivo. Al optimizar precios y ocupación, aumenta $300 por propiedad, elevando el ingreso total a $22,500 y el DSCR a 1.50, con flujo de $7,500. En un escenario de estrés donde los ingresos bajan 10%, el DSCR se mantiene en 1.35, mostrando resiliencia. Con el tiempo, reinvierte y refinancia, creciendo a ocho propiedades con $32,000 mensuales y deuda de $24,000, logrando un DSCR de 1.33.

Este ejemplo demuestra que un objetivo claro, combinado con ejecución disciplinada y financiamiento DSCR, puede generar ingresos significativos y riqueza a largo plazo. Al seguir un sistema estructurado, puedes construir un portafolio escalable que proporcione flujo de efectivo constante e independencia financiera.

Reflexiones Finales

El Camino del Conocimiento a la Libertad Financiera

Al llegar al final de esta serie, es importante reconocer que lo que has adquirido es mucho más que información: ahora posees un marco completo para construir, escalar y sostener un portafolio rentable de inversiones en Airbnb utilizando estrategias hipotecarias DSCR. Desde entender cómo los prestamistas evalúan las operaciones, hasta dominar los cálculos de ingresos, optimizar el rendimiento, gestionar el riesgo y estructurar financiamiento avanzado, has sido equipado con herramientas que muchos inversionistas tardan años en comprender. La diferencia ahora radica en lo que decides hacer con este conocimiento.

En su esencia, todo este proceso trata sobre transformación. Se trata de pasar de una mentalidad tradicional—donde los ingresos determinan las oportunidades—a una mentalidad moderna basada en activos, donde el rendimiento determina el crecimiento. Los préstamos DSCR representan más que un simple producto financiero; representan una nueva forma de pensar sobre los bienes raíces. Eliminan muchas de las barreras que históricamente han limitado a los inversionistas y las reemplazan con un sistema que recompensa la estrategia, la disciplina y la ejecución. Este cambio abre la puerta a oportunidades que antes eran inaccesibles, permitiéndote construir riqueza en tus propios términos.

Una de las lecciones más importantes de esta serie es que el éxito en bienes raíces no depende de una sola operación, sino de un sistema. Cualquiera puede tener suerte con una propiedad, pero el éxito sostenible proviene de procesos repetibles. Los inversionistas que construyen riqueza a largo plazo son aquellos que crean sistemas que producen resultados de manera consistente. Saben cómo encontrar oportunidades, cómo financiarlas, cómo operarlas y cómo escalarlas. Y, lo más importante, refinan estos sistemas con el tiempo, mejorando la eficiencia y el rendimiento con cada nueva adquisición.

Otra enseñanza clave es la importancia de la disciplina. En un mundo lleno de oportunidades, es fácil distraerse o perseguir inversiones que no se alinean con tu estrategia. La disciplina implica apegarse a tus criterios, analizar cada operación cuidadosamente y tomar decisiones basadas en datos, no en emociones. Significa entender que no todas las oportunidades son adecuadas y que, en ocasiones, la mejor decisión es esperar. Este nivel de disciplina es lo que separa a los inversionistas exitosos de aquellos que no logran resultados consistentes.

La gestión del riesgo es igualmente importante. Aunque los préstamos DSCR ofrecen flexibilidad y escalabilidad, también requieren responsabilidad. La capacidad de calificar sin ingresos tradicionales no elimina el riesgo, simplemente lo traslada al rendimiento de tus propiedades. Esto significa que tu éxito depende de tu capacidad para seleccionar buenas inversiones, gestionarlas eficientemente y mantener estabilidad financiera. Al construir reservas, diversificar tu portafolio y utilizar proyecciones conservadoras, puedes protegerte frente a desafíos inesperados.

La optimización es donde se revela el verdadero poder de la inversión en Airbnb. A diferencia de otras formas de inversión inmobiliaria, los alquileres a corto plazo te permiten influir directamente en tus ingresos mediante precios, marketing y experiencia del huésped. Esto crea la oportunidad de mejorar continuamente el rendimiento, aumentando tanto tu flujo de efectivo como tu DSCR. Con el tiempo, estas mejoras se acumulan, transformando propiedades promedio en activos de alto rendimiento que impulsan tu portafolio.

El escalamiento es la progresión natural de este proceso. Una vez que has establecido una base sólida y un sistema repetible, puedes expandir tu portafolio. Los préstamos DSCR lo hacen posible al evaluar cada propiedad de manera independiente, permitiéndote crecer sin depender de tus ingresos personales. Sin embargo, el crecimiento debe manejarse con equilibrio. Debe ir acompañado de estabilidad, asegurando que tu portafolio siga siendo sólido y sostenible a medida que crece.

La adaptabilidad también es fundamental. El mercado inmobiliario está en constante evolución, influenciado por factores económicos, tecnológicos y cambios en el comportamiento del consumidor. Los inversionistas exitosos son aquellos que se mantienen flexibles y ajustan sus estrategias según las condiciones. Ya sea adoptando nuevas herramientas, explorando mercados distintos o adaptándose a cambios regulatorios, la capacidad de adaptación te permite seguir creciendo.

La mentalidad juega un papel crucial en tu éxito. Construir un portafolio rentable en Airbnb no es un proceso rápido ni sencillo; requiere perseverancia, paciencia y disposición para aprender. Habrá obstáculos, desde desafíos de financiamiento hasta problemas operativos. La clave es ver estos retos como oportunidades para mejorar y perfeccionar tu sistema. Una mentalidad fuerte te permite mantener el enfoque y seguir avanzando.

Otro concepto poderoso es el efecto compuesto. Cada propiedad que adquieres contribuye a tu ingreso total y a tu patrimonio, creando un efecto acumulativo que acelera tu crecimiento. A medida que tu portafolio crece, también lo hace tu flujo de efectivo, proporcionándote más capital para reinvertir. Al mismo tiempo, tus propiedades aumentan de valor, incrementando tu patrimonio neto. Este efecto es lo que permite alcanzar un crecimiento financiero significativo con el tiempo.

La libertad financiera es el objetivo final para muchos inversionistas, pero es importante definir qué significa para ti. Para algunos, es reemplazar su ingreso principal y tener control total sobre su tiempo. Para otros, es construir un legado para futuras generaciones. Sea cual sea tu meta, tu estrategia debe alinearse con tu visión.

El tiempo es otro factor esencial. La inversión inmobiliaria no se trata de resultados inmediatos, sino de crecimiento a largo plazo. Aunque puedes ver avances rápidamente, el verdadero poder de tu portafolio se materializa con los años. Esto requiere paciencia y compromiso con el proceso.

A medida que avanzas, es fundamental tomar acción. El conocimiento por sí solo no produce resultados—la ejecución sí. Cuanto antes apliques lo aprendido, antes comenzarás a generar impulso. Esto no significa apresurarte sin analizar, sino avanzar con claridad y propósito.

Construir una red de apoyo también puede potenciar tu éxito. Rodearte de profesionales como prestamistas, administradores y asesores te brinda ventajas estratégicas. Además, conectar con otros inversionistas abre oportunidades de aprendizaje y colaboración.

El aprendizaje continuo es clave. Aunque esta serie te proporciona una base sólida, el proceso no termina aquí. Los inversionistas más exitosos siguen aprendiendo, adaptándose y evolucionando.

En última instancia, este camino trata de mucho más que dinero. Se trata de crear oportunidades, construir seguridad y diseñar una vida alineada con tus valores. La inversión en Airbnb, cuando se ejecuta estratégicamente, es una herramienta poderosa para lograrlo.

Al cerrar este capítulo y comenzar la siguiente etapa, recuerda que el éxito no se define por un solo logro, sino por la aplicación constante de los principios que has aprendido, la disciplina para mantenerte enfocado y la resiliencia para superar desafíos. Si te comprometes con este proceso, puedes transformar tu conocimiento en acción, tu acción en resultados y tus resultados en riqueza duradera.

La oportunidad está frente a ti. El sistema está en tus manos. La única pregunta que queda es qué tan lejos estás dispuesto a llegar.

Cómo Obtener una Evaluación Personalizada de Préstamo Hipotecario para Airbnb

Si este libro te ha resultado útil, es posible que quieras ver cómo estas estrategias se aplican a tu situación financiera y objetivos de inversión específicos. Cada perfil de inversionista es único. El tipo de propiedad, la ubicación, los ingresos proyectados de Airbnb, el puntaje de crédito, el capital disponible y las guías de los prestamistas influyen en los programas de préstamo para los que puedes calificar y en cómo se puede estructurar tu operación.

Los ejemplos presentados en este libro están diseñados para enseñarte cómo funcionan los préstamos hipotecarios para Airbnb, pero tus opciones reales solo pueden determinarse revisando tus números específicos y tu escenario de inversión.

Puedes solicitar una consulta sin compromiso sobre préstamos hipotecarios para Airbnb aquí:
Correo electrónico: info@FinibiMortgage.com

Un profesional hipotecario con licencia revisará tu caso y te explicará qué opciones de financiamiento para Airbnb pueden estar disponibles para ti, incluyendo préstamos DSCR, programas Non-QM y estrategias alternativas de calificación basadas en tu propiedad y perfil financiero.

Sin costo. Sin presión. Sin compromiso.

Atentamente,

Joseph G. Correa

Originador de Préstamos Hipotecarios con Licencia
Finibi Mortgage Inc.

Sobre el Autor

Joseph G. Correa es un corredor hipotecario con licencia y fundador de Finibi Mortgage, una firma con sede en Florida especializada en financiamiento para inversiones inmobiliarias, préstamos para Airbnb y alquileres a corto plazo, y estrategias de financiamiento alternativas para inversionistas, emprendedores y trabajadores independientes. Con más de dos décadas de experiencia en préstamos hipotecarios, underwriting y estructuración financiera, Joseph ha ayudado a miles de clientes a obtener financiamiento mediante estrategias inteligentes y flexibles diseñadas para la inversión inmobiliaria moderna.

A diferencia de los oficiales de préstamos tradicionales que se enfocan únicamente en cerrar transacciones, el enfoque de Joseph está centrado en la creación de riqueza a largo plazo. Cree que el financiamiento hipotecario—especialmente para Airbnb y propiedades de inversión—debe utilizarse como una herramienta estratégica para generar flujo de efectivo, escalar portafolios y alcanzar la independencia financiera.

Joseph es reconocido por su experiencia en préstamos DSCR, financiamiento Non-QM, financiamiento para alquileres a corto plazo, programas de estados de cuenta bancarios y estructuración creativa de operaciones. Se especializa en ayudar a inversionistas a calificar basándose en los ingresos de la propiedad en lugar de los ingresos personales, permitiendo que principiantes, trabajadores independientes e inversionistas experimentados puedan adquirir y escalar portafolios de Airbnb.

Joseph creó la serie **The Airbnb Mortgage Loan Mastery Series** con el objetivo de brindar a los inversionistas el mismo conocimiento financiero utilizado por bancos, prestamistas privados y operadores institucionales, pero traducido en estrategias claras y aplicables. Su misión es ayudar a las personas a entender cómo calificar, estructurar operaciones y escalar utilizando estrategias modernas de financiamiento.

Cuando no está estructurando operaciones o escribiendo, Joseph trabaja directamente con inversionistas en todo Estados Unidos, diseñando estrategias de financiamiento personalizadas alineadas con sus objetivos, tipos de propiedad y planes de crecimiento.

Ruta de la Serie Airbnb Mortgage Loan Mastery Guía Profesional para Financiar, Escalar y Generar Ganancias con Propiedades de Alquiler a Corto Plazo

El propósito de esta serie es proporcionar a los inversionistas las mismas estrategias de financiamiento utilizadas por bancos y operadores profesionales, adaptadas a una guía clara y práctica. Cada libro construye sobre el anterior, llevándote desde los fundamentos hasta la estructuración avanzada, el escalamiento del portafolio y la creación de riqueza a largo plazo.

Libro 1 — Fundamentos de los Préstamos Hipotecarios para Airbnb: Comprenderás cómo funcionan estos préstamos, en qué se diferencian del financiamiento tradicional y cómo los prestamistas evalúan propiedades de alquiler a corto plazo.
Libro 2 — Préstamos DSCR para Airbnb: Aprenderás cómo calificar usando ingresos de alquiler en lugar de ingresos personales y cómo estructurar operaciones para cumplir con los requisitos del prestamista.
Libro 3 — Préstamos para Airbnb para Principiantes: Una guía paso a paso para adquirir tu primera propiedad.
Libro 4 — Financiamiento de Propiedades de Inversión Airbnb: Estrategias para escalar y construir portafolios.
Libro 5 — Préstamos Airbnb sin Verificación de Ingresos:

Métodos avanzados de calificación sin declaraciones de impuestos.

Libro 6 — Préstamos para Airbnb de Lujo: Estrategias para propiedades de alto valor.

Libro 7 — Préstamos para Casas Vacacionales Airbnb: Cómo financiar segundas viviendas y convertirlas en ingresos.

Libro 8 — Refinanciamiento y Cash-Out en Airbnb: Cómo liberar capital y escalar.

Libro 9 — Préstamos para Propiedades Multiunidad: Cómo financiar dúplex, tríplex y multifamiliares.

Libro 10 — Estructuración Avanzada de Préstamos Airbnb: Cómo combinar múltiples estrategias de financiamiento.

Esta serie puede seguirse paso a paso o utilizarse como referencia según tu nivel actual. El objetivo es ayudarte a entender cómo financiar, estructurar y escalar inversiones en Airbnb para construir un negocio rentable y sostenible.

Aviso Educativo y Financiero

Este libro se proporciona únicamente con fines educativos e informativos. El autor y el editor no ofrecen asesoramiento legal, fiscal, contable, financiero ni de inversión. Aunque Joseph G. Correa es un originador de préstamos hipotecarios con licencia, la información aquí contenida es general y no constituye asesoramiento personalizado.

Los programas hipotecarios, requisitos, tasas de interés y opciones de financiamiento pueden variar según el prestamista, el mercado y las condiciones económicas, y pueden cambiar sin previo aviso. Los ejemplos presentados son hipotéticos y no garantizan resultados.

Antes de tomar decisiones financieras, los lectores deben consultar con profesionales calificados que puedan evaluar su situación específica.

Divulgación de Riesgos

La inversión inmobiliaria y el financiamiento de alquileres a corto plazo implican riesgos. Los ingresos pueden variar según la demanda, competencia, economía y regulaciones. No hay garantía de ingresos o niveles de ocupación.

El uso de deuda aumenta el riesgo financiero. El incumplimiento puede resultar en la pérdida de la propiedad. Los préstamos DSCR y Non-QM pueden tener tasas más altas o condiciones más estrictas.

Los cambios regulatorios también pueden afectar la operación de Airbnb. Es responsabilidad del inversionista cumplir con todas las leyes aplicables.

Este libro enseña estrategias estructuradas y responsables, pero ninguna estrategia está libre de riesgo. Cada lector es responsable de sus decisiones financieras y resultados.

www.ingramcontent.com/pod-product-compliance
Lightning Source LLC
LaVergne TN
LVHW022009200926
848481LV00007B/2303